미래에서 만나요!
채사장

2022. 12.

채사장의
지대넓얕

05 자본주의의 역습

글 채사장

책읽기를 좋아하는 평범한 사람이었던 채사장 작가님은 사람들과 지식을 나누는 대화를 하는 게 가장 재미있었어요. 이런 재미와 기쁨을 전하기 위해 팟캐스트 방송을 시작하면서 널리 알려졌죠. 2014년에 쓴 책 《지적 대화를 위한 넓고 얕은 지식》이 밀리언셀러에 오르며 인문학 도서 신기록을 달성했어요. 이후에도 다양한 책을 써서 독자들과 소통하고 있고, 강연을 통해 많은 사람들과 지식의 즐거움을 나누고 있습니다.

글 마케마케

오랫동안 그림책 작가와 어린이 책 편집자로 일하며 재미있는 이야기의 힘을 믿어 왔어요. 채사장님의 《지적 대화를 위한 넓고 얕은 지식》을 독자로 접하고 인문학이 삶을 바꿀 수 있다는 것을 실감하고는 어린이들에게 쉽게 전달하기 위해 알파의 이야기를 만들었어요. 매일 알파, 마스터와 함께 즐거운 지식 여행을 떠나고 있답니다.

그림 정용환

홍익대학교 산업디자인학과를 졸업하고 다양한 책과 매체에 일러스트 작업을 하였어요. 〈복제인간 윤봉구〉 시리즈, 《로봇 일레븐》, 《유튜브 스타 금은동》 등 다양한 어린이 책의 그림을 그렸으며 《슈퍼독 개꾸쟁》을 쓰고 그려서 제1회 '이 동화가 재미있다' 대상을 받기도 했지요. 평소 팟캐스트 〈지대넓얕〉의 팬으로, 어린이들이 교양을 익히고 더 나은 삶을 꿈꿀 수 있도록 이 이야기에 아름다운 그림과 색채를 입혀 주었답니다.

채사장의 지대넓얕 5
(지적 대화를 위한 넓고 얕은 지식)

초판 1쇄 발행 2022년 12월 24일
초판 9쇄 발행 2025년 9월 3일

지은이 채사장, 마케마케
그린이 정용환
펴낸이 권미경
마케팅 심지훈, 강소연, 김재이
디자인 양X호랭 DESIGN

펴낸곳 ㈜돌핀북
등록 2021년 8월 30일 제2021-000179호
주소 서울시 마포구 토정로 47, 701
전화 02-322-7187 팩스 02-337-8187
메일 sky@dolphinbook.co.kr

ⓒ채사장, 마케마케, 정용환, 2022
ISBN 979-11-975784-5-8 74900
　　　979-11-975784-0-3 (세트)

이 책을 무단 복사·전재하는 것은 저작권법에 위반됩니다.
잘못 만들어진 책은 구입하신 서점에서 교환해드립니다.

채사장의 지대넓얕

지적 대화를 위한 넓고 얕은 지식

05 자본주의의 역습

글 채사장; 마케마케
그림 정용환

저자의 말

역사를 움직이는 것은 무엇일까?

안녕하세요? 채사장입니다.

저는 대중들에게 인문학 강의를 하며, 책을 쓰고 있어요.

제가 난생 처음 쓴 책이 《지적 대화를 위한 넓고 얕은 지식》입니다. 바로 지금 여러분이 읽고 있는 이 책의 성인판, 여러분의 부모님도 선생님도 읽었을 책이지요. 첫 책인데도 아주 많은 사람들에게 큰 사랑을 받았습니다.

그런데 이 책은 사실, 어른이 되기 전에 읽어야 하는 내용이에요. 조금이라도 더 어릴 때 알면 좋은 내용! 그래서 어른이 아니어도 잘 읽을 수 있도록 이렇게 쉽고 재미있는 책으로 만들었습니다.

왜 저는 《지적 대화를 위한 넓고 얕은 지식》과 같은 인문학 책을 썼을까요? 대답을 위해 저의 어린 시절로 거슬러 올라가 보겠습니다. 저는 책을 읽지 않는 어린이였어요. 학교에서는 맨 뒤에 앉아 엎드려 잠만 자는 아이였지요. 세상과 사람에 대해서 통 관심이 없었어요. 그렇게 어영부영 고등학생이 된 어느 날, 너무 심심한 나머지 처음으로 책 한 권을 읽었습니다. 그 책은 소설 《죄와 벌》이었는데, 책을 읽고 저는 충격을 받았어요. 제 주변의 세계가 확 다르게 보였죠. 그때부터 저는 닥치는 대로 책을 읽기 시작했어요. 세계가 너무도 신기했고, 인간이 참으로 신비했죠.

하지만 성인이 될수록 세계를 더 잘 이해하기는커녕 도무지 이해할 수 없었어요. 왜 어떤 사람은 부자이고 어떤 사람은 가난할까? 왜 어떤 인간들은 약한 자들 위에 올라서고, 전쟁을 일으키는 걸까? 궁금했어요.

역사를 잘 살펴보니 그 답이 있었습니다. 오늘날 왜 경제에 의해서 세계가 좌지우지되는지 원인과 흐름을 이해할 수 있었죠. 인문학은 이렇게 세계를 보는 눈을 뜨게 해 줍니다.

우리가 어디에서 와서 어디로 가는지 아는 것은 복잡하고 거친 생애를 항해하는 데 꼭 필요한 나침반을 갖는 것과 마찬가지예요. 그 나침반을 갖기 위해서 우리는 '나'와 나를 둘러싼 '세계'를 이해해야 하겠지요? 이 책은 '세계'를 보는 눈을 길러 주는 친절한 가이드 역할을 해 줄 거예요.

《채사장의 지대넓얕》 시리즈는 역사부터 경제, 정치, 사회, 윤리 등 한 분야에 국한되지 않고 넓은 지식을 알려 줄 것입니다. 4권에 이어 5권에서도 경제 이야기가 이어질 거예요. 책을 다 읽고 주변 사람들과 지적 대화를 나눠 보세요. 그러면 남들과 다른 지혜로운 어린이가 되어 있을 겁니다.

지금의 시대엔 지혜로운 사람이 주인공입니다. 자, 그럼 저와 함께 인문학의 새로운 세계로 여행을 떠나 볼까요?

2022년 겨울에, 채사장

차례

프롤로그 다시 비밀의 문으로 · 11

1. 후기 자본주의
땅속에 돈을 묻어라 ······ 21
- 채사장의 핵심 노트 │ 정부의 개입이 필요해 ······ 40
- 마스터의 보고서 │ 존 메이너드 케인스 ······ 41
- Break time │ 자본주의 미로찾기 ······ 42

2. 후기 자본주의의 효과
부활, 알파의 커피 하우스! ······ 43
- 채사장의 핵심 노트 │ 따뜻한 자본주의의 시대 ······ 68
- 마스터의 보고서 │ 세계의 복지국가 ······ 69
- Break time │ 케인스의 사다리 ······ 70

3. 후기 자본주의의 문제1
화력발전소에 닥친 불행 ······ 71
- 채사장의 핵심 노트 │ 정부가 실패하면? ······ 96
- 마스터의 보고서 │ 스태그플레이션 ······ 97
- Break time │ 숨은 그림을 찾아라! ······ 98

④ 후기 자본주의의 문제2
끝없는 규제의 늪 ········· 99

- 채사장의 핵심 노트 차라리 예전이 좋았어 ········· 122
- 마스터의 보고서 소련의 붕괴 ········· 123
- Break time O,X 퀴즈! ········· 124

⑤ 신자유주의
이제 진짜 성장을 해 봐 ········· 125

- 채사장의 핵심 노트 다시 시장에 자유를 주어라 ········· 150
- 마스터의 보고서 신자유주의 시대 ········· 151
- Break time 가로세로 낱말풀이 ········· 152

(에필로그) 새로운 시대가 오다 · 153

최종 정리 ········· 158

등장인물

알파

인간의 모습을 한 쪼렙신.
상위 신으로 승격되기 위해서는 그동안
관찰한 내용을 보고서로 작성해야 하는데
어디서부터 어떻게 써야할지 막막하다.
다행히 유일한 친구 채는 알파가
인류의 경제체제를 정리할 수 있도록
특별한 도움을 준다. 하지만 쪼렙신의
욕망은 또다시 꿈틀거리고, 결국 알파는
채의 카페 옆에 새로운 카페를 차리며
사업을 시작하게 된다. 새 카페에 대한
알파의 열정은 진심이었고 열심히
노력하다 보니 점점 손님이 늘었다.
그러던 어느 날, 지역에 대형 카페가
새로 생겼다. 경쟁과 성공만큼은
자신 있었던 알파지만 새 경쟁자를
이길 방법은 떠오르지 않는다.

마스터

알파의 곁에서 늘 함께하는 작은 쥐.
알파와 같은 신적 존재로 영민하고 속 깊은 친구다.
그러나 좋은 성품도 배가 불러야 표현되는 법.
사업이 어려워진 알파가 사료를 챙겨 주지 않으니
한없이 예민해진 마스터는 알파의 속을 벅벅 긁는
소리도 마다하지 않는다.

채

지식카페를 운영하는 사장이자 시간여행자.
책 속의 지식을 직접 체험할 수 있는
신비로운 방법을 알게 되었고, 그 방법을 활용해
과거를 여행하던 중 알파를 만나 친구가 되었다.
인간적으로 알파를 좋아해 곁에서 도와주고 싶지만,
돈과 성공을 향한 알파의 집념과 얌체 짓에
가끔 질릴 때가 있다. 채의 가게 바로 옆에
같은 업종의 가게를 내질 않나, 손님을 더 끌기 위해
가격을 마음대로 내리질 않나. 알파 때문에
스트레스를 받던 중에 비타 커피 팩토리가 생기자
알파와 채, 둘 다 경제적으로 큰 어려움에 처하게 된다.

비타

채가 운영하던 카페의 단골손님인 동시에
이 지역의 땅과 상가를 소유한 임대업자.
어느 날 엄청난 자본을 기반으로
비타 커피 팩토리를 차린다.

에이미

알파의 카페에서 일하다가
해고를 당한 직원이다. 경제 상황에 따라
고용과 해고를 반복하는 알파로부터
노동자의 권리를 찾기 위해 애쓴다.

이 책을 읽는 방법

이 책은 어른들을 위해 처음 만든 《지적 대화를 위한 넓고 얕은 지식》을 어린이들도 볼 수 있게 만든 책이에요. 많은 지식을 하나의 흐름으로 정리해 주는 책이지요. 여러분만의 특별한 독서법을 통해 이야기 속에 숨어 있는 지식과 그 지식을 꿰뚫는 통찰을 발견하면 좋겠어요.

Step 1 이야기에 집중하기

처음 읽을 땐 일단 순서대로 이야기를 따라가는 데 집중해 보세요. 이야기 속 주인공은 아주 특별한 인물이지만 우리 주변에서 생활하는 많은 사람들의 삶을 보여 주는 인물이기도 해요. 주인공의 생각과 심리를 잘 살펴보고 "왜 그랬을까?", "이럴 때 어떤 마음이 들었을까?" 같은 질문을 던져도 좋아요. 어려운 단어나 모르는 내용이 나오면 멈춰서 찾아봐도 되지만 일단은 계속 독서를 진행해도 괜찮답니다.

Step 2 핵심 단어와 흐름 찾기

총 5화에서 펼쳐지는 이야기들은 인류의 역사 속에 실제로 존재했던 몇 가지 경제체제를 알려 주기 위한 것이에요. 각각의 에피소드가 말해 주는 경제체제는 무엇일지 생각해 보세요. 이 시리즈의 1~3권에서는 원시 공산사회부터 냉전 시대까지 역사의 다양한 사건들을 하나의 핵심으로 정리했어요. 앞서 배운 역사와 지금 공부하는 경제체제와는 어떤 관계가 있었을까요? 이 내용을 기억하며 읽어 보도록 해요.

Step 3 지적 대화 나누기

"이 인물은 왜 이와 같은 선택을 했을까?"
"인물들이 어려움에 처하게 된 진짜 원인은 무엇일까?"
"현실 세계에서 비슷한 일을 겪는 사람은 없을까?"
"나라면 어떤 행동을 했을까?"

책을 읽다 보면 여러 가지 의문점이 생길 거예요. 그리고 여러 번 꼼꼼하게 읽거나 다른 자료를 찾아보면 어느 정도 의문점이 해소될 수도 있을 거고요. 이렇게 내가 궁금했던 것, 발견한 내용에 대해 친구들이나 부모님과 이야기해 보세요. 토론을 통해 책을 읽은 것보다 더 큰 기쁨과 지혜를 만날 수 있을 거예요. 책의 마지막 장을 덮은 후에도 우리의 이야기는 계속 이어질 테니까요.

다시
비밀의 문으로

이 도시는 정말 특별한 매력으로 가득한 것 같아.
첨단과 전통이 공존하고 자연과 문명이 어우러진 곳.
다양한 세대의 사람들이 각자의 꿈과 욕망을
가슴에 품고 일상을 보내는 곳.

물질적인 현실과 꿈 같은 신비가 함께하는 도시.
그리고 이 도시 한가운데에, '채'라는 젊은이가 살고 있었어.
기억하지? 시간여행을 하던 그 친구 말이야.

과거의 여러 사건을 돌아보면서도 채는 언제나 자기가 살았던 그 도시를 그리워했대. 아마 대부분의 사람들이 그럴 거야. 신나는 모험 중에도 한편으론 돌아갈 곳을 떠올리게 마련이니까.
채는 날마다 마음속으로 이렇게 되뇌었다고 해.

'여행을 마치면 그리운 도시로 돌아가 사람들의 이야기를 들어주어야지. 또 도움이 필요하다면 도와주고 싶어. 내가 알고 있는 특별하고도 신비로운 방법으로 말이야.'

지식을 체험할 수 있는 방법은 아주 다양하지.

하지만 채는 정말로 신비롭고
특별한 방법을 알고 있었어.

카페 뒤에 있는 이 낡은 문을 열면
궁금해하던 지식의 세계를 체험할 수 있었거든.

그래서 채는 정말 고민이 큰 사람들,
간절히 원하는 사람들에게만,
아주 비밀스럽게 이 문을 살짝
열어 주기로 했대.

꿈에 그리던 도시로 돌아왔지만, 일상이 늘 행복한 건 아니었지. 가끔은 시간여행에서의 추억들이 떠오르기도 했어. 특히, 한때 우정을 나누었던 '알파'라는 친구가 많이 생각났대. 잠깐이었지만 그가 보여 준 진심과 인간에 대한 애정은 채를 감동시키곤 했거든.

1 후기 자본주의
땅속에 돈을 묻어라

　알파는 커피 잔을 노려보며 중얼거렸다.
　채가 권한 커피의 원두 이름은 '케인스'. 미국에서 경제대공황 시기를 보냈던 알파에겐 익숙한 이름이었다.
　존 메이너드 케인스는 인류를 대공황에서 구해 준 천재 경제학자이자, 당대 최고의 스타덤에 올랐던 사람이었다. 알파가 어떻게 그의 이름을 잊을 수 있겠는가.
　따뜻한 커피 잔의 온도 덕분일까. 커피 한 모금을 들이킨 알파의 가슴도 금세 달아올랐다.

문 밖은 완전한 어둠이었다. 알파는 미간을 찌푸리며 눈을 가늘게 뜬 채 한 발 한 발 조심스럽게 발을 내딛었다. 불완전한 시각보다 더 확실하게 느껴진 감각은 청각이었다.

"퍽, 퍽!"

멀지 않은 곳에서 둔탁한 쇠붙이 소리가 들렸다. 분명 땅을 파는 소리였다. 알파는 조심조심 소리나는 쪽으로 향했다. 눈앞에 한 남자가 삽을 들고 땀을 흘리고 있었다. 알파는 반가운 마음에 그의 이름을 불렀다.

"사람들이요? 왜요?"

알파가 자꾸 물어보자 케인스는 미간을 찌푸렸다.

"거, 댁은 누군데 귀찮게 구는 거요?"

"아, 그게 제가……."

놀란 알파가 머뭇거리는 사이, 케인스는 바닥에 있는 삽을 잡더니 척 하고 들이밀었다.

알파는 얼떨결에 삽을 잡아들었다. 아주 오래전이긴 하지만 맨몸으로 맘모스도 때려잡고, 노예로서 온갖 막노동을 도맡아 하기도 했던 알파였다. 신의 능력이 없어진 뒤로 체력이 예전 같지는 않았지만 삽질의 기술 정도야 온몸이 기억하고 있었다. 알파는 자신 있게 땅을 파기 시작했다.

　케인스는 생각만 해도 좋은지 잔뜩 상기된 표정이었지만 알파는 뭔가 이상했다.

　'그러니까 지금, 사람들에게 돈을 쓰게 하려고 돈을 묻었다는 얘기인가?'

　그러는 사이, 케인스는 주섬주섬 장비를 챙겨서 떠날 준비를 했다. 알파는 돌아서는 그를 다급하게 붙잡았다.

　알파는 얼마 전 애덤 스미스와 함께했던 아침 식사가 떠올랐다. 그는 자기 이익을 챙기려는 인간의 이기심 덕분에 경제가 활기를 띤다고 했다.

　알파는 그 말이 좋았다. 그 이야기를 듣자마자 채의 카페 옆에 가게를 내고 무한 경쟁에 뛰어들지 않았던가. 개인의 자유는 자본주의에서 무엇보다 중요하다고 생각했던 알파였다.

케인스는 가던 길을 멈추고 몸을 돌려 알파의 앞으로 성큼성큼 다가왔다. 그는 사뭇 진지하게 알파의 눈을 가만히 노려보더니 코웃음을 치며 말했다.

"장기적으로? 지금 장기적으로 보자고 했소?"

알파가 머뭇거리며 고개를 끄덕이자, 케인스는 낮은 목소리로 말했다.

가상 체험으로 통하는 신비의 문이 거친 소리를 내며 열렸다. 알파였다. 카페 안에서 조용히 기다리던 채와 마스터는 고개를 들고 조심스럽게 알파의 표정부터 살폈다. 뭔가 큰 충격을 받았는지 완전히 넋이 나간 얼굴이었다. 알파는 말없이 채와 마스터가 기다리는 테이블 의자에 털썩 걸터앉았다. 침묵을 깨고 마스터가 혀를 쯧쯧 찼다.

"그 사람 말이 맞아……. 장기적으로 두면, 다 죽어……."

묻지도 않은 엉뚱한 대답에 마스터는 '뭐래?' 하는 입모양으로 채를 쳐다보았다. 채는 멋쩍게 웃음으로 답할 뿐이었다.

돌아온 알파의 몸은 완전히 지쳐 있었지만 눈빛만은 기대감으로 빛나고 있었다. 이윽고 정신을 차렸는지 알파는 그제야 채와 마스터를 둘러보았다.

채는 1929년, 미국에서 만났던 알파를 떠올렸다. 경제공황으로 미국의 황금시대가 하루아침에 무너져 내린 날, 그동안 쌓아 올린 모든 부와 명예를 한순간에 잃고 빈털터리가 된 알파는 스스로 목숨을 끊기 위해 건물 꼭대기로 올라가지 않았던가. 자본주의 시장이 실패하는 비참함을 경험해 본 알파는 경제야말로 모든 것의 근본이라는 걸 알고 있었다.

돈과 일자리를 잃은 사람들은 인간성마저 잃는다. 인간은 먹을 것이 충분하지 않으면 서로에게 잔인해진다. 또 다른 히틀러가 나타나거나 더 끔찍한 역사가 되풀이될지도 모른다.

'그래, 시장을 다시 되살리려면 강력한 정부가 필요해.'

채 역시 알파의 말에 동의할 수밖에 없었다.

세상 돌아가는 일에 큰 관심이 없었던 알파였지만 이번엔 달랐다. 정치 뉴스를 챙겨 보았고, 선거 운동에 사활을 걸었다. 정권을 바꿔야 하는 절실한 이유가 생겼기 때문이다.

시간은 조금씩 흘렀다. 불황은 계속되었지만 알파와 채는 가까스로 버텼다. 그리고 대망의 선거 날, 알파와 채도 염원을 담아 투표를 마쳤다.

정부의 개입이 필요해

○ 초기 자본주의의 실패

친구들은 4권에서 읽었던 '초기 자본주의'를 기억하나요? 보이지 않는 손이 시장을 조절한다는 '초기 자본주의'는 무척 자연스럽고 상식적인 체제처럼 보였어요. 그러나 시간이 지날수록 여러 문제가 발생했지요. 결국 자본주의의 문제는 대공황으로 번지고 말았어요.

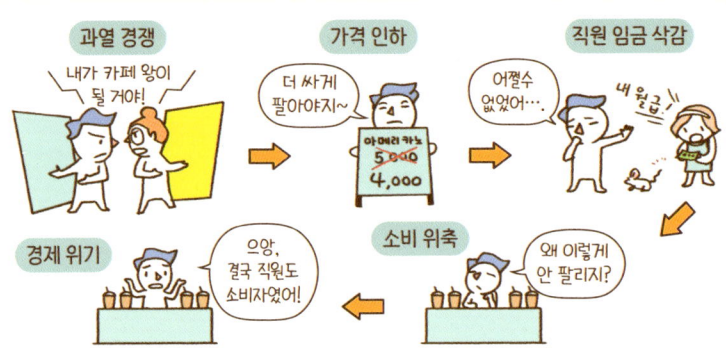

○ 후기 자본주의의 등장

후기 자본주의는 다른 말로 '수정 자본주의'라고도 불러요. 초기 자본주의의 문제점을 수정하면서 등장했기 때문이지요. 후기 자본주의를 제시한 사람은 영국의 경제학자 케인스예요. 케인스는 자본주의에는 자기 조절 능력이 없다고 생각했어요. 그래서 정부가 적극적으로 개입해서 시장의 문제점을 해결해야 한다고 주장했답니다.

○ 대공황에서 탈출하라

초기 자본주의의 문제점으로 인해 세계 경제 대공황이 발생했을 때, 미국은 자본주의를 수정하는 방식을 선택했어요. 세금을 통해서 국민들의 부를 재분배한 거예요. 자본을 많이 소유한 부자들이 부를 독점하는 것을 막고, 소비가 활성화되도록 보완했어요. 이러한 후기 자본주의는 대공황부터 냉전 시대를 거쳐 소련이 붕괴하기 전까지 이어졌어요.

존 메이너드 케인스

마스터의 보고서

존 메이너드 케인스(1883-1946)
영국의 경제학자로 거시 경제학의 아버지라고 불린다.

존 메이너드 케인스는 20세기에 가장 영향력 있는 경제학자로 손꼽힌다. 케인스가 활동하던 당시 세계는 대공황의 충격에 빠져 있었다. 케인스는 이전과는 완전히 다른 경제학이 필요하다고 생각했고 정부가 시장 경제에 강하게 개입할 것을 주장했다.

시장은 불완전하고 공급과 수요는 정확하게 균형을 이루지 않는다. 때문에 정부가 나서서 수요와 공급을 조정할 필요가 있다고 설파한 것이다.

물론 이러한 그의 주장을 반대하는 세력도 있었다. 기존의 경제학자들은 애덤 스미스가 주장한 보이지 않는 손을 여전히 신뢰했기 때문이다. 물론 지금 당장 위기가 닥치긴 했지만 장기적으로 내버려 두면 적정한 가격이 형성되며 결국 시장은 균형을 찾을 것이라고 생각했다.

그러자 케인스는 "장기적으로 보면 우리는 모두 죽는다."라는 유명한 말로 지금의 위기를 손 놓고 볼 수는 없다고 말한다.

> "정부가 돈을 여러 곳에 깊이 파묻은 다음 마음대로 파 가도록 놔둔다고 하자. 기업들은 돈을 파 가기 위해 사람들을 고용할 것이고 이에 힘입어 실업은 사라지고 사회 전체의 실질소득과 부 역시 이전보다 훨씬 커질 것이다."
> — 〈고용 이자 및 화폐의 일반이론〉 중에서

2차 세계 대전 이후, 세계 각국 정부에서 그의 아이디어를 받아들이면서 경제는 조금씩 성장세를 이루었다. 자본주의가 사회주의적 요소를 흡수하는 변신을 선택한 덕분에 결국 위기 속에서 생명력을 유지하게 된 셈이다.

Break Time
자본주의 미로찾기

마스터가 먹이를 찾아 미로를 헤매고 있어. 곳곳에 도사리고 있는 초기 자본주의의 문제점들을 잘 피해 안전한 곳에서 먹이를 먹을 수 있도록 도와줘!

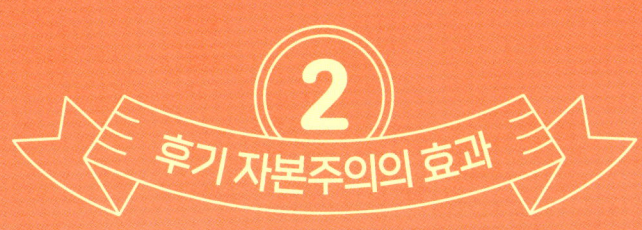

2 후기 자본주의의 효과

부활, 알파의 커피 하우스!

정부가 바뀌고 몇 달의 시간이 흘러 계절이 바뀌었다. 봄이 지나고 여름이 찾아왔다. 유독 뜨겁던 어느 날, 알파는 텅 빈 카페 안에 멍하니 앉아 있었다.

새로운 정부의 출범과 함께 엄청난 변화를 기대했지만 눈에 띄게 달라지는 것은 없었다. 여전히 가게에는 손님이 없었고, 알파의 통장 잔고 또한 없었다. 급기야 냉장고 속에 먹을 것마저 떨어지고 있었다. 사료 통을 뒤지던 마스터가 충격을 받은 듯 비틀거리며 알파 곁으로 다가왔다.

알파는 울컥 짜증이 치솟았다.

"야! 저기 안 팔려서 유통기한 넘어가는 원두 안 보여? 정 배고프면 저거라도 씹어 먹든가!"

버럭 화를 낸 알파는 뒤돌아서 씩씩거렸다. 그 또한 제대로 끼니를 챙긴 게 언제인지 가물가물했다. 마스터는 깜짝 놀라 조심스럽게 물었다.

알파는 돌아서서 눈물을 훔쳤다. 이제 더 버틸 힘도 없었다. 직원도 손님도 없이 파리만 날리는 카페를 아등바등 유지해 온 지도 1년 가까이 되었다. 매달 임대료가 나갈 때마다 가슴에 돌덩이가 얹힌 듯 답답하기만 했다. 마스터는 그렇게 배가 고프면 나가서 벌레라도 잡아먹을 것이지, 왜 철부지처럼 사료 타령을 해서 쪼렙신을 이토록 비참하게 만드는가.

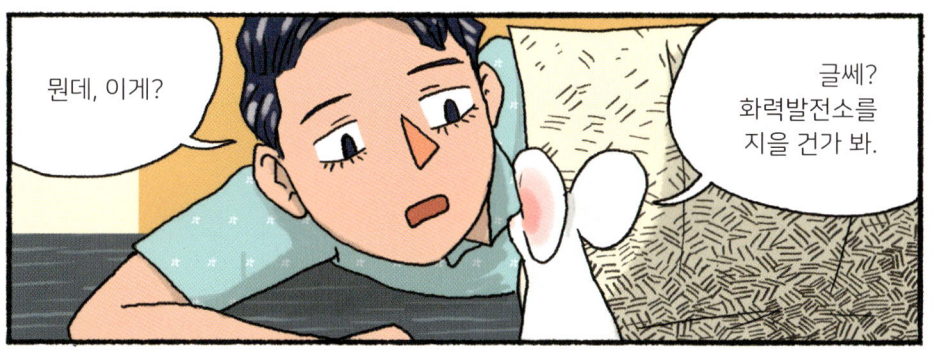

"너 나한테 돈 맡겨 놨냐? 힘들어 죽겠는데 위로는 못 해줄 망정 이게 할 소리야?"

알파는 단전으로부터 힘을 끌어와 버럭 소리를 질렀다. 그러나 마스터도 만만치 않았다. 알파의 울부짖음엔 끄떡도 않고 계속 얄밉게 쏘아붙이는 것이었다.

수억 년 동안 티격태격 하던 사이였다. 안 그래도 심심하던 차에 제대로 한판 붙어 보려는데 오랜만에 카페 문이 열리는 소리가 들렸다.

　그렇게 많은 주문은 정말 오랜만이었다. 아니, 주문 자체가 오랜만이었다. 도대체 이 남자는 누구일까? 무슨 일 때문에 이렇게 많은 커피를 사 가려는 것일까? 알파는 낯선 손님의 정체가 궁금해졌다.
　"저, 손님. 실례지만 어디서 오셨는지 여쭤봐도 될까요? 요즘 단체 주문이 통 없었는데 좀 놀라워서요……."
　"아, 이번에 새로 짓는 화력발전소 건설 현장에서 왔습니다."
　"화력발전소 말입니까?"

"네, 여기서 차로 15분 정도 거리인데 제법 크게 지어요. 저도 원래는 다른 일하던 사람인데 요즘 먹고살기 힘들어서 지원했거든요."

알파는 방금 전 마스터가 들고 온 전단지를 바라보았다. 구겨져 있어도 '화력발전소 건설 노동자 모집'이라는 글씨는 알아볼 수 있었다. 바뀐 정부가 추진하는 여러 정책 중의 하나라고 들었다. 이곳 말고도 다른 여러 지역에 대규모 공공 시설물을 짓는다며 노동자를 모집했다.

안 그래도 전단지 봤습니다. 많은 분들이 지원했나 보네요.

다들 상황 빤하잖아요. 이 정도면 대우도 괜찮고, 가족들에게 면이 살아 좋긴 한데……,

안 하던 신체 노동을 하려니 죽을 맛이네요. 허허.

　새로운 일터에서 또 다른 삶을 시작하는 손님을 보니 알파의 마음에도 열정이 타올랐다. 신나는 마음으로 새 커피 원두를 꺼내던 알파는 봉투에 쓰인 작은 글씨를 보고 멈칫하고 말았다. 넉넉했던 유통기한이 벌써 지나 있었기 때문이었다. 그동안 장사가 안 되도 너무 안 되던 탓이었다. 그러고 보니 언제 마지막으로 원두를 주문했는지 가물가물했다.

　알파는 짧게 탄식을 내뱉었다. 오랜만에 찾아온 귀한 손님인데 대충 대접할 수 없는 노릇이었다. 알파는 잠깐 망설인 끝에 어렵게 입을 열었다.

준비하는 손은 분주했지만 알파의 마음은 벅차올랐다. 가장 큰 사이즈 컵을 50잔이나 꺼내 얼음을 꽉꽉 채워 넣는 동안 올라간 입꼬리는 내려올 줄 몰랐다. 손님이 가는 동안 차 안에서 커피가 흔들리지 않게 박스를 단단히 고정하고, 빨대까지 정성껏 끼워 넣으면서도 연신 콧노래를 흥얼거렸다. 드디어 매출이 생긴 것이다.

그동안의 지루하고 고통스러웠던 기다림이 연기처럼 날아가는 것 같았다. 마스터는 그 모습을 지켜보며 흐뭇한 미소를 지었다.

자재를 나르고, 기계를 다루고, 철근을 조립하고…….
건설 노동자들은 곳곳에서 땀방울을 흘리며 열심히 일하고 있었다. 숙련된 이들도 있었고, 조금 서툴러 보이는 이들도 있었다. 그들은 알파가 지켜보고 있는 것도 모른 채 일에 열중했고 알파는 하나하나의 얼굴을 유심히 살펴보았다. 태양에 검게 그을리고, 먼지를 뒤집어쓴 노동자들은 더운 날씨와 고된 노동에 지쳤음이 분명했다. 하지만 그들의 얼굴에 스쳐 지나가는 감정은 분명 새로운 삶에 대한 기대감이었다.

알파는 가슴이 두근거렸다. 그들의 설렘을 더 가까이 느껴 보고 싶었지만 시간이 없었다. 당장 가게로 돌아가 새 원두를 주문해야 했다. 다른 부자재들도 모자르지 않는지 체크해 보고 넉넉히 주문해 놓아야 했다. 앞으로 엄청나게 바빠질 테니까.

알파의 예상은 정확히 맞아 떨어졌다. 다음날에도, 그 다음날에도 알파 커피 하우스엔 손님이 계속 찾아왔다. 대부분이 화력 발전소에서 일하는 노동자들이었다. 노동으로 지친 몸을 이끌고 점심을 먹으러 나왔다가 시원하고 달달한 커피까지 후식으로 즐기는 것이었다.

알파는 건설 노동자들의 취향에 맞는 음료를 메뉴에 추가하고, 에너지를 제공해 줄 수 있는 달콤한 베이커리도 시작했다. 매출은 다시 나날이 올랐고, 알파는 점점 더 바빠졌다.

도시의 풍경도 조금씩 바뀌어갔다. 정부가 노동자들이 거주할 집을 만들어 주자, 그 주변으로 자연스럽게 상권이 만들어진 것이다. 식당이 들어오고 생필품 가게가 생기더니 여가를 보낼 만한 극장과 스포츠 시설, 쇼핑몰도 생겼다. 새로운 건물과 문화 시설이 생겼다는 입소문이 돌자 다른 지역 사람들도 종종 이곳을 찾아왔다.

화력발전소와 관련된 운송이나 시설 관리 업체들이 하나둘 들어오더니 나중엔 일반 회사나 사무실도 입주하기 시작했다. 그들도 물론 알파의 손님이 되어 주었다.

손님이 많아지자 알파는 눈코 뜰 새 없이 바빠졌다. 폭풍처럼 밀려오는 주문을 받고 겨우 음료를 만들고 나면 설거지가 잔뜩 쌓여 있었다. 손님들이 떠난 테이블을 닦을 새도 없이 새로운 손님의 주문을 받아야 했다.

손님들은 제각각 요구하는 것도 많고, 궁금한 것도 많았다.

커피가 맛있고 사장님이 친절하다며 칭찬을 늘어놓던 손님들도 기다리는 시간이 길어지니 불만을 말하기 시작했다.
아무래도 다른 카페에 단골을 빼앗기기 전에 특단의 조치가 필요했다.

에이미는 분주하게 돌아가는 지금의 카페를 둘러보았다. 사장님은 땀을 뻘뻘 흘리며 몰려드는 손님을 맞이하면서 음료를 재촉하고 있었다. 사장님은 다름 아닌 채였다.

'뭐, 그렇게까지 돈을 올려 준다면야……, 이번 기회에 옮겨도 괜찮겠지?'

결정은 했지만 미안한 마음이 드는 건 어쩔 수 없었다. 갑자기 일이 많아진 채는 얼마 전부터 에이미를 정식으로 고용했고 인격적으로 잘 대해 주었다. 자신의 가치를 알아 준 좋은 사장이었지만 이제 떠나야 할 때가 온 것이다.

　채는 지끈거리는 머리를 쥐어뜯었다. 말은 그렇게 하지만 얼른 가 보라며 깔끔하게 에이미를 보내 주는 채였다. 물론 그날까지 일한 임금도 살뜰히 챙겨서 말이다.

　다시 시작된 알파의 얌체 짓에 짜증은 났지만 사실 지금 채의 상황도 그리 나쁘진 않았다. 알파와 마찬가지로 채 또한 카페를 접어야 하나 심각하게 고민했던 날들이 있었다. 그러나 지금은 직원을 두고 경쟁할 정도로 손님이 많아진 것이다. 모두 화력발전소 덕분이었다. 에이미를 떠나보내면서도 채에게 마음의 여유가 있었던 건 그 때문이었다.

화력발전소 공사가 시작된 이후, 어두웠던 카페 거리는 다시 활기를 되찾았다. 사람이 모이고 거래가 이루어졌으며 돈이 돌았다. 사람들의 삶은 풍족해졌고 다시 꿈을 꾸었다. 모두 열심히 일했으며 각자의 자리에서 문화와 예술을 즐겼다.

'어쨌든, 지금 상태가 나쁘지 않잖아?'

채는 바쁘게 정리하는 에이미를 흘깃 보았다. 작은 한숨과 함께 가벼운 미소가 그의 입가를 스쳤다. 떠나는 에이미도, 그의 얄미운 경쟁자 알파도, 자기 자신에게도, 마음으로 응원을 보내 주었다. 물론, 급하게 그를 찾는 손님들의 등쌀에 바쁘게 일터로 돌아갈 수밖에 없었지만 말이다.

따뜻한 자본주의의 시대

○ 화력발전소가 가져온 변화

경제 불황이 계속되었고, 알파는 팔리지 않는 원두라도 씹어 먹으며 삶을 연명해야 할 지경이었어요. 그러던 어느 날, 알파가 사는 지역에 화력발전소 건설이 시작되며 변화가 찾아왔어요.

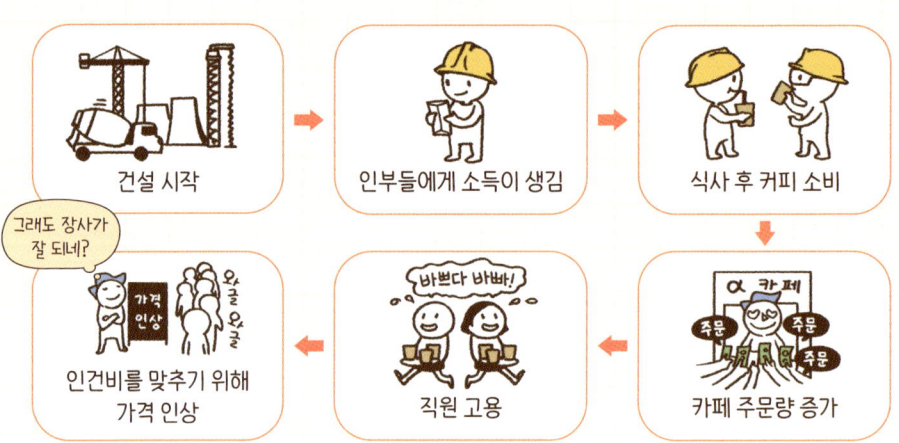

알파의 가게만 장사가 잘 된 것이 아니었어요. 식당, 호텔, 옷 가게, 생필품점 등 동네의 모든 산업이 다시 호황을 이루었으니까요. 결국 공장 인부들에게 일자리를 만들어 주자 도시가 번영하는 효과를 누린 셈이지요.

○ 후기 자본주의의 성공

알파의 이야기에서 볼 수 있듯이, 정부의 개입으로 시장의 문제점을 해결할 수 있어요. 후기 자본주의 사회에서 정부는 세금을 높이고 다양한 규제를 시행하며 시장의 실패를

막기 위해 노력했어요. 빈부격차는 줄어들고 사회는 점차 안정되어 갔지요. 후기 자본주의는 인류가 찾아낸 괜찮은 경제체제 같아 보이네요. 그런데 정말 좋은 점만 있을까요?

세계의 복지국가

한 인간이 살다보면 처하게 되는 여러 위험을 국가가 대신 보호해 주어 국민 전체의 삶의 질을 높이는 정책을 복지라고 한다. 핀란드, 스웨덴, 덴마크, 노르웨이 등 북유럽 국가들은 높은 수준의 사회 복지 제도를 자랑하고 있다. 스웨덴은 파격적인 출산과 보육 복지로 잘 알려져 있다. 어린 아이를 돌보기 위해 부모가 일을 쉬는 경우 급여의 80%를 국가가 지원하며 아버지 또한

북유럽 국가
UN에서 조사하는 행복 지수 상위권에 해당하는 이들 국가는 뛰어난 복지 정책으로 잘 알려져 있다.

의무적으로 두 달간의 육아 휴직을 보장한다. 핀란드는 가정환경에 따라 배움의 격차가 생겨서는 안 된다는 신념으로 교육비를 지원하며 평등한 교육을 실시한다. 노인들의 천국이라 불리는 네덜란드에서는 65세 이후의 노인들은 그동안 냈던 연금을 수령하며 안정된 노후를 보낼 수 있다.

북유럽 국가에서 이와 같은 사회 복지가 가능한 이유는 무엇일까? 천연자원의 소유나 낮은 부패 수준 등 다양한 원인이 있으나 기본적으로는 국민들로부터 많은 세금을 걷어, 복지에 필요한 비용을 확보할 수 있었기 때문이다. 스웨덴의 최저 세금 비율은 소득의 32%인데, 이것은 100만 원을 벌었다면 32만 원을 세금으로 내야 한다는 이야기다. 고소득지로 분류되면 빈 돈의 52%를 세금으로 내야 한다. 불건을 살 때마다 붙는 부가세는 25%나 되는데 한국의 부가세가 10%인 것에 비하면 엄청난 세율이라고 볼 수 있다. 그렇기에 대부분의 국민들은 큰 집이나 좋은 자동차를 꿈꾸기 어렵다. 대부분의 사람들은 복지에 만족하고 있지만 열심히 노력해도 성공할 가능성이 없는 사회에 대한 비판이나 불만의 목소리도 나오고 있다. 또한 인구가 줄어들고 사회적 비용이 늘어나며 복지국가들의 고민도 이어지고 있다.

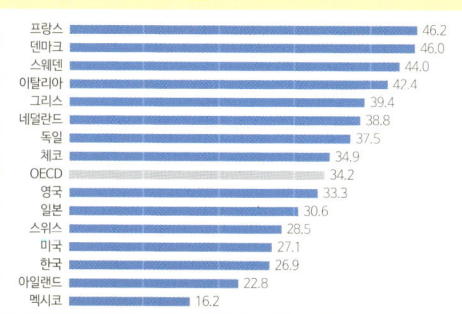

OECD국가별 세금율 (2017 기준, 단위%)

Break Time
케인스의 사다리

케인스가 주장한 경제정책과 일치하는 것은 무엇일까? 제시된 문장을 잘 읽고, 두 가지를 찾아 봐. 조금 어렵다면 사다리를 타고 케인스의 얼굴을 찾아가도 좋아!

1. 부자가 낼 세금을 감면해 줘요.
2. 일자리를 잃는 사람에게 실업급여를 줘요.
3. 공기업을 민영화 해요.
4. 국가 주도의 토목 사업을 벌여요.
5. 정부 규제를 줄여요.

케인스 | 케인스 | 애덤스미스 | 애덤스미스 | 애덤스미스

3 후기 자본주의의 문제 1

화력발전소에 닥친 불행

선선한 바람이 귓불을 간질이는 어느 따스한 날, 도시 가운데 위치한 중앙 공원에는 가족이나 연인과 계절을 즐기러 모인 사람들로 붐비고 있었다. 공원을 산책하던 사람들은 쿠키 냄새를 따라 자석에 끌리듯 한 카페로 향하곤 했다. 새로 오픈한 '알파 커피 하우스 2호점'이었다.

단정하게 꾸며진 인테리어, 최신 트렌드를 반영한 음료 메뉴. 카페를 찾은 손님들은 저마다 만족하는 표정으로 사진을 찍으며 칭찬을 아끼지 않았다. 그 가운데 가장 만족한 표정으로 이 모습을 바라보는 이가 있었다. 바로 알파였다.

"어머, 사장님 오셨어요?"

현관을 열고 들어오는 알파를 보자마자 깔끔하게 차려입은 에이미가 웃으며 튀어나왔다.

알파가 치켜세우자 에이미는 어깨를 으쓱하며 환하게 웃더니 손짓으로 뒤에 서 있던 직원들을 불렀다.

"안 그래도 오신다는 소식 듣고 새 직원들을 준비 시켰어요. 알파 사장님께 인사드리려고요."

2호점에서 새로 일하게 될 신입 바리스타들이었다. 알파는 한 명 한 명과 반갑게 악수를 해 주었다.

"이번에 정부 지원 사업으로 바리스타 특별 교육을 받은 분들이에요. 다른 카페에서도 탐을 냈지만 저희가 더 큰 돈을 주고 모셔왔습니다."

2호점 점장이 된 에이미의 표정과 말투에는 자신감이 넘쳤다.

인사를 마친 직원들이 돌아가자, 알파는 여유 있는 미소를 지으며 매장을 천천히 둘러보았다.

"그건 그렇고, 요즘 2호점 매출은 어떻지?"

"오픈 이후로 매일 최고 기록을 갱신하고 있어요."

에이미는 당당한 목소리로 말을 이었다.

"솔직히 2호점에 들인 돈이 워낙 많았잖아요. 그래서 나름 걱정을 했는데, 지금 상황으론 곧 투자 비용을 회수하고 이익으로 넘어갈 것 같습니다."

알파는 입꼬리가 저절로 올라가려는 것을 애써 티내지 않으려 노력했다.

시커먼 연기와 불꽃은 거세게 번져갔고, 소방차의 다급한 사이렌 소리가 온 마을에 울려 퍼졌다. 화력발전소에서 화재 사고가 발생한 것이다.
　그 안에서 일하던 건설 노동자들은 대피했고, 기자들이 달려와 이 사건을 취재했다.

화력발전소는 이 지역 경제의 중심이었다.

도시 인구의 대다수가 화력발전소 직원이거나 관련된 업종이었기에 사람들은 마음을 졸이며 불길이 잡히길 기다렸고, 소식은 어느 때보다 빠르게 퍼져나갔다.

비타 커피 팩토리의 비타 사장 역시 사고 소식에 신경을 바짝 쓰고 있었다. 그동안 화력발전소 덕을 본 건 비타도 마찬가지였기 때문이었다.

화력발전소 건설 작업이 시작되자마자 비타 커피 팩토리 역시 사상 최대의 호황을 누렸고 2호점에 이어 3호점까지 차질 없이 진행되었다. 그런데 갑작스러운 화재 사고라니. 이 일로 인해 앞으로 이 사업이 어떻게 될지 비타의 머리가 아파왔다.

채의 예상대로 도시의 풍경은 빠르게 바뀌어갔다.

건설 노동자들은 하나둘씩 짐을 싸서 고향으로 떠나갔고, 그들을 대상으로 장사를 이어가던 식당과 식료품점은 문을 닫았다. 주말마다 붐비던 공원과 극장도 썰렁하기 이를 데 없었다.

도시는 순식간에 고요해졌다. 카페를 찾아오던 그 많던 손님들의 발길도 뚝 끊기고 말았다.

 "아시다시피 2호점은 지하 1층부터 지상 2층까지 상당한 규모입니다. 유지하는 데만도 많은 비용과 에너지가 들지요. 정글 느낌의 식물 인테리어 때문에 냉난방비와 습도 유지 비용도 상당하고요. 중앙 공원 가운데 자리라 매달 나가는 임대료도 만만치 않습니다."

 경영 팀장은 회의 자료를 팔랑팔랑 넘기며 날카로운 목소리로 말했다.

 "건물 임대료에, 전기세에, 인건비까지……. 존재하는 것만으로도 돈을 잡아먹는 괴물이에요! 늦기 전에 사장님께서 판단을 내려 주셔야 할 상황입니다."

　직원들의 얼굴이 굳어가는 것을 보고 알파는 정신을 번쩍 차렸다. 예전에 한번 직원들을 함부로 해고했다가 내내 원망을 들었던 알파였다.
　"그, 그게, 자네들을 자르겠다는 게 아니라……. 이번에 새로 뽑은 고연봉 바리스타 수부터 좀 줄였으면……."
　하지만 직원들의 눈빛에는 변화가 없었다. 어디서 챙겨왔는지 주섬주섬 조끼까지 입는 게 아닌가.

알파는 머리를 한 대 얻어맞은 기분이었다. 직원들의 말은 틀린 게 없었다. 새 정부는 출범하자마자 노동법부터 바꾸었다. 시장에 강하게 개입하면서 노동자 인권에 대한 법률이 강화된 것이었다. 이전처럼 사장 마음대로 직원을 해고하면 강력한 징계를 당할 수도 있었다.

채의 지식카페도, 알파의 커피 하우스도, 비타 커피 팩토리도, 비용을 줄일 방법을 찾지 못했다.

그렇게 며칠이 지났다. 세 카페의 사장들은 카페 오픈 시간에 맞춰 조용히 안내 포스터를 내걸었다. 모두 커피 가격을 인상한다는 내용이었다.

세 카페 모두 가격을 올렸고, 손님은 어느 곳도 찾지 않았다. 경기 불황과 물가 상승이 동시에 찾아오는 '스태그플레이션'의 시작이었다.

정부가 실패하면?

○ 알파의 선택

화력발전소의 건설 덕분에 알파는 사업을 계속 이어갈 수 있었어요. 가게의 규모도 키우고, 2호점도 내고, 정규 직원으로 바리스타도 고용했지요. 그런데 갑작스럽게 화력발전소 현장에 화재 사고가 발생하고 말았어요. 사고로 인해 공사가 중단되자 노동자의 수가 줄어들었고, 카페의 매출도 줄어들었지요. 알파는 어쩔 수 없이 지출을 줄여야 했어요. 이 상황에서 알파가 할 수 있는 선택은 두 가지 중에 하나겠지요?

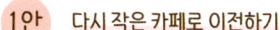

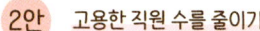

1안을 선택하기엔 투자한 돈을 그대로 날려야 했어요. 카페를 폐쇄하는 데 드는 돈도 만만치 않고요. 알파는 2안을 선택하기로 했습니다. 하지만 또 문제가 생겼어요.

○ 노동자의 단합

후기 자본주의 사회에는 노동자를 보호하는 법률적인 규제가 있게 마련이지요. 최저임금제도가 있어 일정 금액 이상의 임금을 주어야 하고, 경영자는 정규직원의 단합을 인정해야 해요.
카페 직원들은 서로 단합해서 한 사람도 해고하지 못하게 막았어요. 물론 임금도 함부로 낮출 수 없었지요.

○ 스태그플레이션

장사는 안 되는데 직원 모두에게 예전과 똑같은 월급을 주게 되니 알파의 손해는 이만저만이 아니었지요. 결국 손해를 메우기 위해 커피의 가격을 올렸어요. 수요자는 없지만 물가는 오르는 상황. 이러한 상황을 '스태그플레이션'이라고 한답니다.

인플레이션 = 호황 → 물가 상승
스태그플레이션 = 불황 → 물가 상승

스태그플레이션

여러 물건이나 서비스의 가격을 종합적으로 '물가'라고 칭한다. 물가는 떨어지기보다는 오르는 경우가 많다.

인플레이션 ↗	디플레이션 ↘
물가가 오르고 화폐가치는 떨어진다.	물가는 내리고 화폐가치가 올라간다.
수요가 많은데 공급이 적거나, 시중에 통화량이 많아질 때 발생한다.	경제 활동이 침체되어 수요가 떨어지거나 시중에 통화량이 적을 때 생긴다.
실물자산이 있는 사람에겐 유리하지만 임금을 받는 노동자는 불리해 양극화 현상이 심해진다.	소비, 생산, 투자가 모두 감소하여 경기가 침체된다.
통화량을 줄이거나 저축을 장려하여 해결한다.	투자를 확대하고 통화량을 늘려서 해결한다.

공급에 비해 수요가 많아지거나 시중에 돈이 많이 풀리면 돈의 가치가 떨어져서 물가가 오른다. 이처럼 물가가 지속적으로 오르는 것을 '인플레이션'이라고 한다.

반대로 물가가 지속적으로 떨어지며 돈의 가치가 오르는 현상을 '디플레이션'이라고 한다. 디플레이션이 지속되면 기업은 물건을 팔아도 남는 것이 없으니 생산을 줄이고 투자 또한 줄이게 된다. 기업이 고용을 줄이면 근로자의 소득이 감소하고 소비도 감소하며 결국 경기가 침체된다.

그런데 경기 침체와 물가 상승이 동시에 일어나는 경우도 있다. 이런 상황을 경기 침체를 뜻하는 '스태그네이션'과 물가 상승을 뜻하는 '인플레이션'을 합쳐서 '스태그플레이션'이라고 한다.

이론적으로는 두 가지 현상이 동시에 일어날 수는 없다. 보통은 경기가 좋아지면 사람들의 소득이 오르면서 인플레이션이 일어나고, 경기가 침체되면 디플레이션이 일어난다.

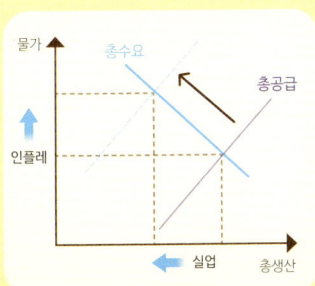

스태그플레이션

스태그플레이션은 전쟁이나 전염병과 같은 이유로 원자재 공급이 어려운 상황이나 잘못된 경제 정책으로 인해 시장 시스템에 이상이 생겼을 때 발생하곤 한다. 두 가지 안 좋은 상황이 겹치는 스태그플레이션은 자본주의 시장 경제에서 가장 경계하는 사태 중 하나다.

Break Time
숨은 그림을 찾아라!

후기 자본주의 사회 노동자들이 또 대규모 파업을 시작했어. 교통은 모두 마비가 되었고 거리에는 쓰레기가 넘쳐나고 있네? 혼란스러운 거리에 숨어 있는 그림들을 찾아볼까?

숨은 그림 커피 잔, 앞치마, 동전, 양동이, 삽

4 후기 자본주의의 문제 2

끝없는 규제의 늪

　요즘 알파의 일과는 이 지역을 차로 한 바퀴 도는 것으로 시작되곤 했다. 혹시나 하고 매일 화력발전소 건설 현장 앞을 지나쳤지만 여전히 점검 중이라는 팻말만 보일 뿐 문은 굳게 잠겨 있었다. 사고가 난 지도 2년이 지나가고 있었다. 처음엔 점검 기간을 1년으로 예상했지만 속절없이 연기된 것이었다.

점검이 지연되는 데엔 다양한 이유가 있었다. 그중 하나는 지난 2년 사이에 사람들의 인식이 많이 바뀌었다는 것이다. 최근 미세먼지와 이상기후가 심각한 문제로 떠오르자 화력발전소를 반대하는 이들이 갑자기 많아졌다. 처음에는 몇몇 환경 운동가들의 주장에 지나지 않았지만 시간이 지나자 대다수의 사람들이 화력발전소의 건설을 반대하게 되었다.

그래서일까. 언론에서도 화력발전소에 대한 이야기는 점차 다루지 않았다. 안전 점검 일정에 대해 물어볼 곳도 마땅치 않았고, 지자체에 민원을 넣어 보아도 '상부의 지시가 있을 때까지'란 말로 얼버무리기 일쑤였다. 여론이 워낙 좋지 않다 보니 정부와 지자체가 우야무야 건설을 미루는 모양새였다. 그럴수록 알파는 답답해 미칠 노릇이었다.

물론 상당히 많은 실업자가 발생했지만 정부는 이에 따른 대책 또한 세워 두었다. 일자리를 찾을 때까지 그동안 받아 온 인건비와 비슷한 수준의 지원금을 노동자들에게 주었던 것이다. 이런 상황이 길어질수록 알파는 힘들어졌다. 하지만 오매불망 화력발전소 건설이 다시 시작되기만을 기다려야 했고, 알파의 카페는 사고 이후 계속 적자만 이어지고 있었다.

지친 몸을 이끌고 힘겹게 출근을 하자, 걱정스러운 눈빛의 에이미가 가장 먼저 다가왔다.

"사장님 오셨어요?"

에이미가 머뭇거리자, 알파는 짜증스럽게 되물었다.

"왜요, 뭐 보고할 거 있어요?"

알파는 분통이 터지는 것 같았다. 이번 계절을 공략하여 자체적으로 개발한 신메뉴였다. 이전에는 카페를 운영하면서 메뉴를 만들고 싶으면 만들고, 바꾸고 싶으면 바꿀 수 있었다. 그런데 이번 정부에서는 그 단순한 일조차 불가능했다. 2호점까지 있는 카페는 대형 사업장으로 분류되어 모든 메뉴의 성분 조사를 받아야 했기 때문이다. 문제는 조사 기간이 길어지다 보니 매번 적절한 판매 시기를 놓치게 된다는 것이었다.

알파는 에이미가 넘겨 준 파일을 사락사락 넘겨보았다. 다음 달 지출될 금액을 미리 예상하여 정리한 표였다.

에이미를 비롯한 직원들이 아끼고 아껴서 꼭 필요한 것들만 정리했다는 것을 대번에 알 수 있었지만 그것을 확인하는 것만으로 스트레스를 받는 건 어쩔 수 없었다. 매출은 전혀 오르질 않는데 매달 나가는 돈은 수두룩했기 때문이다. 게다가 이번 달엔 전에 없던 기타 비용까지 적혀 있는 게 아닌가. 알파는 눈이 휘둥그레져서 물었다.

"잠깐, 여기 60만 원 추가 지출은 뭐죠?"

"그거 벌금이에요. 2호점에 새로 리뉴얼한 간판이 너무 튄다고, 정부 단속 걸렸어요. 빠른 시일 내에 교체하랍니다."

물론 예상한 일이었지만 막상 당하니 너무하다 싶었다. 정부가 시장에 깊게 개입하면 개입할수록 규제도 많아졌다. 예전에는 쉽게 넘어갈 일도 하나하나 허가를 받아야 했으니 말이다. 여차하면 단속이 뜨기도 했고, 자칫 지침을 위반한 사실이 걸리기라도 하면 벌금을 내거나 영업정지를 받는 일도 허다했다.

음료의 양을 조금이라도 줄이면 소비자 보호 규제에 어긋난다고 제지를 받았고, 일회용품을 사용하면 환경 규제를 어겼다고 처벌을 받았다. 기준 시간 이상 일을 해도 근로자 보호 규제에 걸려 문제가 되었고, 시도 때도 없이 위생 점검이 떠서 사소한 것까지 지적하곤 했다. 규제의 세부 내용들은 자주 바뀌었고, 그때그때 숙지하는 것만으로도 벅찼다.

늘 새로운 아이디어를 내고, 추진력 있게 사업을 밀어붙이던 알파도 상황이 이렇게 되니 옴짝달싹할 수 없었다.

벌금을 처리한 알파는 답답한 마음에 카페 밖으로 나와 테라스 자리에 털썩 앉았다. 한낮의 햇살은 눈부셨지만 한산한 거리에는 역시 사람이 없었다.

'채는 잘 있을까?'

알파는 채가 문득 궁금해졌다. 분명히 그의 카페도 온갖 규제에 시달리고 있을 터였다. 슬그머니 그쪽으로 조심스럽게 걸어갔다. 문앞에서 서성거리는 알파에게 마스터가 툭 말을 걸었다.

"한번 들어가 봐. 궁금하지 않아?"

"그, 그럴까?"

가까운 곳에 있었지만 이런저런 이유로 멀어진 친구였다. 채는 조용한 카페에 혼자 설거지를 하고 있었다. 손님은 없었지만 다른 일 때문에 바빴는지 설거지는 꽤 많이 쌓여 있었다. 아무리 장사가 안 된다고 해도 혼자 카페 일을 처리하는 건 꽤나 분주한 일이었다. 못 만난 동안 얼굴이 핼쑥해진 게 보였다. 알파는 진심으로 걱정돼서 다정하게 물었다.

힘들어 하는 채를 보니 알파도 눈물이 왈칵 나올 것 같았다. 얼마나 마음고생이 심할지 누구보다 잘 알고 있었기 때문이다.

"아니, 새 직원도 뽑았다면서. 직원은 어디 가고 혼자 일하는 거야? 힘들게……."

채는 땅이 꺼져라 한숨을 내쉬었다. 인건비 때문에 애를 먹는 건 알파도 마찬가지였다. 해고도 어려운 상황에서 2호점 직원들 월급까지 빠짐없이 챙기려다 보니 파산하기 직전이었다. 둘은 오랜만에 앉아 그동안 못했던 이야기들을 나누었다.

알파가 초조하게 물어보자 채는 뒤돌아 찬장에서 새로운 원두 봉투를 뒤적거렸다.

"글쎄요, 예전으로 돌아간다면 모를까……."

채가 꺼낸 봉투에는 '시카고 학파'라는 글씨가 써 있었다. 알파는 기대에 찬 눈빛으로 물었다.

채는 대답을 아꼈다. 그것을 깨닫는 것은 알파에게 달려 있기 때문이었다. 대신 채는 조용히 커피를 내리기 시작했다. 따뜻한 커피 한잔을 받은 알파는 가슴이 뛰었다. 잠시 후, 알파는 비밀의 문을 열고 아주 오랜만에 가상 체험을 시작할 수 있었다.

"쯧, 그렇게 땅을 파고 돈을 묻더니 홀랑 다 까먹어 버리다니!"

하이에크라는 사람은 한심하다는 눈으로 케인스를 내려다보더니 돌아서 걷기 시작했다. 그러더니 결국 화를 못 참겠다는 듯 소리를 지르는 것이었다.

"이봐, 억지로 돈을 쓰게 한다고 경제가 무조건 살아나는 줄 알아? 그냥 스태그플레이션만 만들 뿐이야!"

케인스는 충격이 컸는지 더 이상 말을 하지 못했다. 그러거나 말거나 하이에크는 케인스를 향해 계속 소리를 질렀다.

문이 열리고 알파가 카페 안으로 들어오자마자, 채는 반갑게 일어났다.

"어때요, 알파? 뭔가 알아냈나요?"

알파의 상기된 표정은 이번에도 무언가 깨달음을 얻은 것처럼 보였다. 알파는 성큼성큼 다가가 채의 어깨를 잡았다.

일단 선거를 해야지.
잘하라고.
이번엔 더 중요하니까.

아직 선거까지는 몇 달이 더 남았지만 알파는 미리 서둘렀다. 이번 정권과 정 반대되는 성향의 정당을 지지하기 시작한 것이었다. 알파는 규제를 완화하고 경쟁을 강화시키고, 대부분의 경제 기반 시설을 민영화로 바꿔야 한다고 주장하는 정치인을 찾았다. 그런 후에 수단과 방법을 가리지 않고 그의 이미지를 홍보하고 다녔다.

본격적인 선거철이 시작되자 알파는 또 다시 선거 운동에 뛰어들었다. 선거 홍보물을 직접 제작하질 않나, 방송에 나와 지지 연설을 하질 않나, 카페를 찾는 손님들을 붙잡고 눈물로 호소하지 않나. 사업가로서의 온갖 재능과 노력을 선거운동에 바치는 것 같았다.

그리고 얼마 후, 선거 결과가 나왔다. 알파의 승리였다.

"시민들은 정권 교체를 선택했습니다. 오늘 취임식을 마친 새 정부는 잇따른 기자들의 질문에 반드시 스태그플레이션을 잡겠다며 포부를 다짐했습니다."

뉴스에서는 연일 새 정부의 행보가 보도되었다.

차라리 예전이 좋았어

○ 후기 자본주의의 문제점

정부의 시장 개입으로 안정적인 사회를 추구했던 후기 자본주의는 꽤 괜찮은 대안처럼 보였지만 실제로는 문제점을 갖고 있었어요. 첫 번째는 장기 침체와 장기 불황이고, 두 번째는 불황과 함께 물가가 오르는 스태그플레이션이에요.

○ 비정상적인 시장

우리는 그동안 알파의 이야기를 통해 자본주의의 특성이 '공급 과잉'이라는 것을 배웠어요. 수요를 창출하기 위해서는 시장을 개척하거나 가격을 낮춰야 했고, 수요가 다시 늘어나면 시장은 정상화되었어요. 그런데 지금의 상황은 그 특성과는 달라요. 수요가 없는데도 가격이 오르는 것은 비정상적인 상황이거든요. 정부가 공공사업을 안정적으로 운영하지 못했고, 노동자의 권리를 보호하려고 시장에 과도하게 개입했기 때문이에요.

○ 초기 자본주의로의 복귀

이와 같은 후기 자본주의의 문제를 일컬어 '정부 실패'라고 부릅니다. 1990년대 초가 되면 소련이 붕괴하는 사건이 일어나요. 강력한 정부의 개입을 주장했던 공산주의가 실패하는 것을 전 세계가 지켜보며 사람들은 차라리 정부 개입이 없었던 초기 자본주의로 돌아가는 게 낫겠다고 생각하게 되었어요.

소련의 붕괴

마르크스와 레닌의 공산주의를 경제정책의 모델로 삼았던 소련은 스탈린의 통치 하에 경제개발을 실시하였다. 시장의 자유에 경제 활동을 맡기는 게 아니라 국가와 정부가 주체가 되어 끌고 나가는 것이다.

이 시기의 소련의 경제는 수치적으로는 성장을 이루었다.

소련의 계획 경제를 보여 주는 포스터

대공황과 두 차례에 걸친 세계대전으로 인해 다른 서방 국가들이 큰 타격을 입었을 때, 소련은 국민들의 희생으로 발전할 수 있었고, 냉전 시대에는 미국의 가장 강력한 라이벌로 손꼽히며 세계 초강대국으로 성장했다. 그러나 비효율적인 공산주의 체제의 경제는 결국 침체의 길로 접어들었다.

열심히 일해도 재산을 소유할 수 없자 국민들은 의욕을 잃었고, 무능한 관리들의 부정부패도 심해졌다. 냉전으로 인해 외교적 고립도 지속되었으며 미국과의 군사력 경쟁으로 인해 많은 국방비를 지출하다 보니 소련의 상황은 점차 어려워졌다. 1985년 소련의 지도자로 등장한 고르바초프는 소련의 경제를 살리기 위해 급진적인 개혁을 시도하였다. 개혁이 불안했던 옛 공산당 간부들은 고르바초프를 가두고 쿠데타를 일으켰지만 시민들의 반대로 쿠데타는 실패로 돌아갔다. 이 시기를 틈타 러시아 공화국 대통령 옐친은 15개 공화국으로 이루어졌던 소련을 해체했고 결국 공산주의 체제는 붕괴했다.

소련의 대통령 미하일 고르바초프(좌)와 러시아 연방의 대통령 보리스 옐친(우).

Break Time
O, X 퀴즈!

아래에 놓인 아홉 개의 카드에 쓰인 말은 참일까 거짓일까? O, X 퀴즈를 풀어보고, O에 해당하는 카드의 글씨를 순서대로 써 봐. 과연 어떤 단어가 만들어질까?

신	고	자
케인스는 강력한 정부를 주장했어요. O X	뉴딜 정책은 초기 자본주의에 해당하는 정책이에요. O X	물가가 오르는 것을 인플레이션이라고 해요. O X
유	후	복
자본주의의 특성은 공급 과잉이에요. O X	공산주의 국가에서는 원하면 누구나 기업을 운영할 수 있어요. O X	후기 자본주의 사회에선 노동자 해고가 자유로워요. O X
주	정	의
물가가 떨어지면 경제 침체로 이어질 수 있어요. O X	돈의 가치는 시간이 지나도 떨어지거나 오르지 않아요. O X	북유럽의 복지국가는 세금을 많이 걷어요. O X

정답 ☐ ☐ ☐ ☐ ☐

5 신자유주의

이제 진짜 성장을 해 봐

몇 달의 시간이 흘렀다. 요즘 알파는 예전처럼 새벽같이 출근하지 않는다. 카페 운영에 대한 잡무를 직접 할 필요가 없다는 걸 깨달았기 때문이다. 차라리 그 시간에 주식이나 부동산에 투자하면 훨씬 더 쉽게 돈을 벌 수 있었다.

정부가 바뀌고 여러 규제들도 완화되었다. 꽁꽁 묶여 있던 경제는 고삐 풀린 듯이 활기를 띠었다. 알파는 오전에는 은행 업무를 보거나 투자상담가를 만나 괜찮은 주식 정보를 듣는 걸로 시간을 보냈다. 물론 부동산으로 돈을 벌기도 했다. 기분이 좋아진 알파는 차도 새것으로 바꾸고 최근엔 정말 오랜만에 마스터와 여행도 다녀왔다.

　알파에게 인사를 건네는 직원들은 모두 파트타임으로 일하는 어린 학생들이었다. 10대 후반이나 20대 초반 정도 되었을까. 알파를 바라보는 눈에서 긴장한 눈빛이 역력했다.
　에이미를 비롯한 정직원들은 더 이상이 카페에서 보이지 않았다. 규제가 풀리자마자 알파가 제일 먼저 한 일은 정직원 해고였기 때문이다.
　알파는 이제 정식 직원은 뽑지 않고 바리스타까지도 아르바이트 개념으로 고용했다.

물론 해고는 언제나 쉽지 않았다. 알파는 아직도 에미미의 카랑카랑한 목소리가 들리는 것 같아 몸을 흠칫 떨었다.

'휴, 아직도 그때 에이미를 떠올리면 식은땀이 다 난다니까.'
 알파는 갑자기 그녀의 무서운 표정이 생각나 고개를 절레절레 저었다. 에이미뿐 아니었다. 함께 일했던 직원들의 가시 돋친 원망의 말들을 떠올리면 배짱 좋은 알파라도 마음이 무거워졌다. 하지만 아무리 그래도 그때보단 지금 상황이 훨씬 나았다.

알파는 아르바이트 직원들이 제대로 된 밥을 사 먹을 형편이 안 된다는 것을 알고 있었다. 그들이 매번 싸구려 편의점 음식으로 점심을 때운다는 것도 알았다. 그러나 모른 척했다. 이들의 가난을 본인이 완전히 해결해 줄 수는 없었다. 어차피 이 청년들은 최저임금만 받아도 일자리가 있다는 것에 만족할 것이다. 그들은 정해진 시간에 약속한 일을 하는 사람이고, 자신은 그에 맞는 월급을 주는 사람일 뿐이다. 그것만으로도 알파는 할 일을 다 하고 있다고 생각했다.

알파는 그의 얼굴을 기억하고 있었다. 몇 개월 동안 아주 성실하게 일하던 학생이었기 때문이다. 알파는 선글라스를 벗고 사뭇 진지하게 대답했다.

"아, 그래? 뭐든지 편하게 물어봐요."

　알파는 멋지게 어깨를 두드려 주었지만 그 어떤 약속도 하지 않았다. 어린 아르바이트 직원은 희망에 가득 찬 눈으로 연신 고맙다고 인사했고 알파는 도망치듯 서둘러 사장실로 들어갔다.
　솔직히 정규직 직원으로 바꿔 줄 생각은 추호도 없었다. 비정규직으로 쓰는 것이 훨씬 유리했으니 말이다.
　때 맞춰 월급을 올려 줄 필요도 없고 따로 교육을 시킬 필요도 없다. 정직원은 해고 절차도 복잡했지만 아르바이트는 비교적 편했다. 커피가 안 팔리면 해고하면 되고 장사가 잘 될 땐 다시 고용을 늘이면 그만이었다.
　정권이 바뀌길 간절히 원했던 것은 바로 이 때문이었다. 알파는 지금의 자유로운 사업 구조가 마음에 들었다.

오랜만에 출근을 했기 때문에 할 일이 많이 쌓여 있었다. 알파는 책상 위의 노트북을 펼쳐서 매출 현황이 정리된 표를 확인했다. 그 달의 지출과 수입이 일목요연하게 정리되어 있었다. 알파는 그동안 새어 나가는 돈은 없었는지, 예상대로 매출이 오르고 있는지를 체크했다. 그때 마스터가 슬그머니 주머니에서 나오더니 말을 걸었다.

　알파는 차갑게 받아쳤다. 지금 정부 정책에 불만을 가진 사람이 많다는 것쯤은 알고 있었다.

　가난한 사람들은 공짜로 받던 혜택이 줄어드니 당연히 앓는 소리를 했고, 부자와 가난한 이들의 격차가 커질수록 사회적인 문제가 된다면서 반대하는 이들도 있었다.

　하지만 그런 소리를 들을 때마다 알파는 짜증이 났다. 어느 시대에나 어렵고 힘든 이들은 있었다. 알파 또한 정이 많은 성격이라 그들을 모른 척하는 게 쉽지는 않았다. 그렇다고 함부로 임금을 올리거나 가진 것을 다 나눠 줄 수는 없는 노릇 아닌가.

　지난 정권 때처럼 복지 정책을 위해 번 돈을 죄다 세금으로 내는 것도 싫었다. 이제 자유롭게 일하고 당당하게 누리고 싶었다.

알파가 생각하기에 지금 가장 중요한 건 사업을 안정화시키는 것이었다. 시장이 안정되고, 카페가 완전히 자리 잡으면 많은 문제가 해결될 테니까. '낙수 효과'라는 말이 있다. 양동이에 가득 찬 물은 아래로 흘러내려 결국 양동이 밑을 받치는 그릇에도 고인다. 돈도 마찬가지다. 상류층에게 돈이 쌓이면 그 아래에 있는 빈민들에게도 혜택이 갈 것이다.

알파가 이렇게 말할 수 있었던 건, 정부가 바뀐 후에 카페의 재정 상태가 몰라보게 좋아졌기 때문이다.

일단 어마어마하게 걷어 가던 세금이 줄어들자 순이익부터 늘었다. 규제도 줄어들어 상황에 맞게 노동자를 고용하다 보니 인건비도 절약하게 되었다. 시장의 상황에 맞게 융통성 있게 회사를 운영하니 금세 안정적인 구조가 만들어진 것이다.

알파는 다시 시작하리라 마음먹었다. 대출도 많이 받고, 주식에 투자도 해서 큰 회사를 만들 것이다. 2호점도 다시 일으키고, 3호점도 내리라.

　알파는 갑자기 심장이 쿵 하고 떨어지는 것 같았다. '비타 커피 팩토리' 너무 오랫동안 잊고 있던 경쟁자의 이름이었다. 규제가 풀리고 상황이 나아진 건 알파만의 일은 아닐 것이다. 알파가 사업을 성공시켰다면 다른 이들도 지금 정부의 정책을 활용해 좋은 결과를 내지 않았겠는가. 알파는 한때 무섭게 싸웠던 적이 다시 찾아온 것 같아 불안했다. 다시 피하고 싶은 상황이 시작될 것만 같았다.

　"가 본 적 없지. 그런데 지금 가 보려고! 당장."

　알파는 참을 수 없는 불안에 자리를 박차고 달려갔다. 무슨 일이 있는지 두눈으로 확인하고 싶었다. 채는 말없이 알파의 뒤를 따랐다.

알파와 채는 카페 거리를 숨가쁘게 걸었다. 따뜻한 저녁 시간, 거리엔 사람들이 삼삼오오 모여 즐겁게 걷고 있었다. 오랜만에 보는 활기 찬 풍경이었다. 경제가 살아났다는 느낌만으로도 사람들의 얼굴은 살짝 들떠 있었다.

'뭐지? 거리 풍경이 묘하게 바뀐 것 같은데?'

알파는 당황한 얼굴로 주변을 살펴보았다. 골목골목 못 보던 간판이 많이 생겼다. 그중에서도 가장 눈에 띄는 건 '비타 커피 팩토리'라고 쓰인 카페들이었다.

"비타 커피 팩토리가 TV 광고를 시작했단 말이야?"

알파는 놀라서 채에게 물었다. 채는 조용히 고개를 끄덕였다.

알파는 지체할 수가 없었다. 있는 힘껏 달려서 비타 커피 팩토리 본점으로 향했다. 한쪽 공간은 카페 확장 공사 중이었다. 정신이 없는데도 카페에는 손님이 바글거렸다.

그리고 알파는 카페 메뉴판에 적혀 있는
아메리카노의 가격을 똑똑히 읽을 수 있었다.

₩2,500

최고의 원두
놀라운 가격

마…….
말도 안 돼.

나도 비용을 줄이려고
안 해 본 일이 없어. 하지만
저 가격은 만들 수 없었다고!
대체 어떻게 한 거지?

그때 채가 조용히 입을 열었다.

세금이……,
줄었기
때문이겠죠?

세금
완화!

147

알파는 다리에 힘이 풀리는 게 느껴졌다. 비타 사장에게는 땅과 건물을 비롯한 엄청난 재산이 있었다. 지난 정부에서는 그 재산에 대한 세금이 부과되었을 것이다. 그러나 정권이 바뀌었고 세금은 확실하게 줄어들었다.

　비타 사장은 세금이 줄어 얻게 된 이익으로 커피 가격을 인하한 것이다. 커피 연구소에도, TV 광고에도, 한정판 굿즈나 스마트폰 앱 개설에도 자본이 필요했다. 비타 사장에게는 그 자본이 충분했기에 모든 것을 할 수 있었다. 그러나 알파와 채에게는 그만한 돈이 없었다.

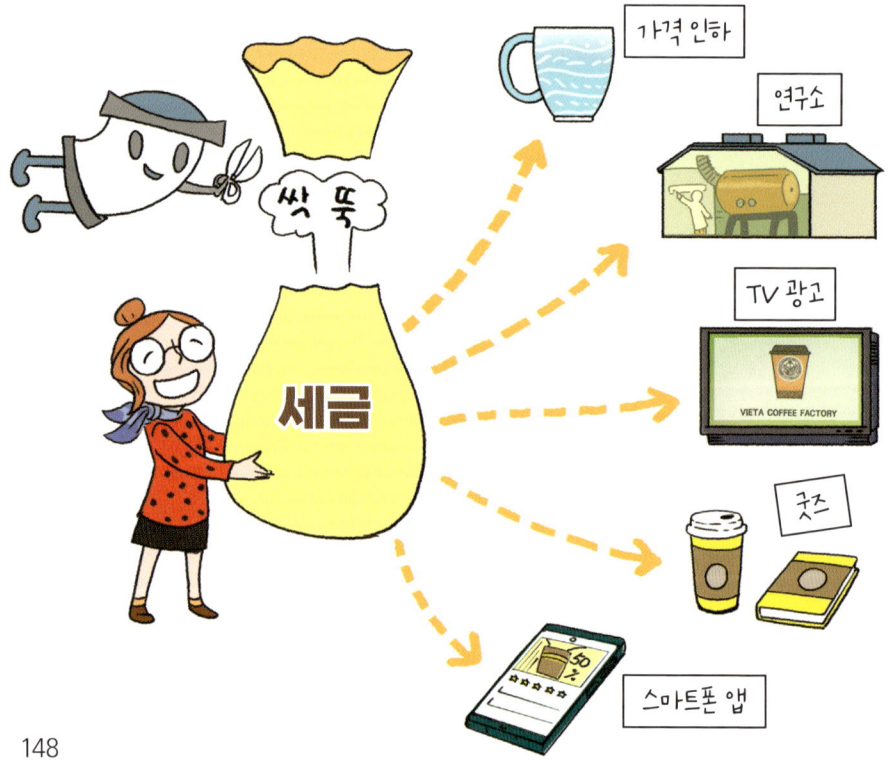

이미 많은 손님들이 비타 커피 팩토리를 선택했다. 앞으로 더 많은 손님들이 싸고 맛있고 혜택까지 좋은 비타의 커피를 마실 것이고, 알파와 채는 계속 고객을 빼앗길 것이다. 이건 시간문제였다. 알파는 온몸에 힘이 다 빠져나가는 것 같았다. 그는 울먹이듯 중얼거렸다.

다시 시장에 자유를 주어라

○ 불황에서 벗어날 수 있을까?

알파의 이야기를 살펴볼까요? 이전 정부는 시장에 강력하게 개입하며 세금을 비롯한 각종 규제를 시행했어요. 때문에 경제는 장기적인 불황으로 접어들었지요. 그러나 새로 바뀐 정부는 시장 개입을 줄여서 불황을 해결하기로 했어요.

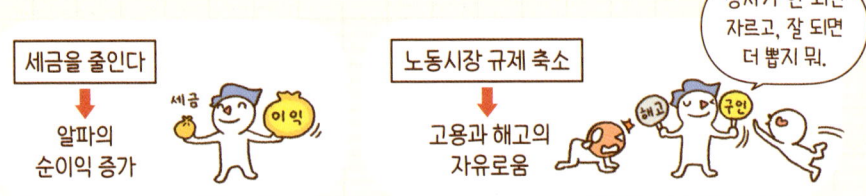

덕분에 알파는 변화무쌍한 시장에서 유연하게 대처할 수 있게 되었지요. 안정적인 수익이 생겼고 사업도 예전처럼 번창했답니다.

○ 신자유주의의 문제점

그러나 좋은 일만 있는 것은 아니었지요. 초기 자본주의에서 발생했던 문제들이 다시 나타났으니까요. 건물과 재산에 대한 세금이 줄어들자 비타는 그 이익을 커피 가격을 내리는 데 사용했어요. 또 자본력을 내세워 커피 연구소를 만들고, 홍보도 더 많이 했지요. 결국 알파는 고객을 빼앗길 수밖에 없는 상황에 처하게 되었어요.

○ 우리가 사는 세계

'초기 자본주의'와 '후기 자본주의'에 이어 세 번째로 등장한 '신자유주의'는 하이에크를 비롯한 경제학자들이 모여 있는 시카고 학파가 주도했어요.
이들은 국가가 시장에 개입하는 것을 반대하고 규제가 없는 자유로운 시장을 강조했지요. 신자유주의는 오늘날 우리가 사는 세계에서 가장 영향력 있는 경제체제로 자리 잡게 되었습니다.

신자유주의 시대

1979년 런던 청소 노동자들의 장기간 파업으로 인해 거리에 쓰레기가 쌓여 있다.

1970년대 영국 경제는 IMF에 구제 금융을 신청할 정도로 어려웠다. 당시 영국은 과도한 복지 제도를 유지하기 위해 재정 적자에 시달려야 했고 일하는 사람들에겐 높은 세금을 걷어 일하지 않은 이들에게 복지를 제공하니, 스스로 실업자가 되려는 사람들도 많았다.

규제와 세금으로 기업들의 경쟁력은 약화되었고, 노조의 파업이 하루가 멀다 하고 이어져 사회가 혼란했다. 유럽의 언론들은 이러한 모습을 '영국 병'이라고 불렀다. 부지런하고 성실하던 영국인들이 복지만 바라고 나태해진 모습을 비꼰 것이었다.

영국 최초의 여성 총리인 마가렛 대처는 이러한 영국 병을 치료하기 위해 특단의 조치를 취했다. 가장 먼저 한 일은 과감하게 복지를 감축한 일이었다. 과격한 시위를 벌이는 노조를 처벌하였고 가스, 전기, 통신, 수도, 석탄, 항공 등 경쟁력이 떨어지는 국영 기업을 민영화하였다. 대처가 경제 성장을 목표로 강력한 신자유주의 정책을 펼친 덕분에 영국은 빠르게 경제 성장을 이루었지만 반대로 실업률이 늘고 빈부 격차가 심해지는 등 부작용도 발생했다.

이어서 미국의 대통령으로 당선된 레이건 역시 '레이거노믹스'라고 불리는 신자유주의 정책을 펼쳤다. 부유한 사람들에게 걷던 세금을 감면하고, 기업에 대한 정부의 규제를 줄였다. 이에 따른 여러 비판도 받지만 레이건이 통치하던 당시 미국 경제는 호황을 이루었고, 그는 재임에 성공한 대통령으로 평가를 받았다.

영국 총리 마가렛 대처(좌)와 미국 대통령 도널드 레이건(우)
'대처리즘', '레이거노믹스'라는 자신의 이름을 붙인 신자유주의 정책을 실행하며 경제 성장을 이끌었다.

Break Time
가로세로 낱말풀이

숨가쁘게 경제 여행을 마친 친구들, 모두 수고 많았어. 가로 세로 낱말 풀이를 통해 함께 공부했던 내용을 되짚어 보자!

가로

① 자유로운 시장에 맡겨 두었을 때 경제가 실패한 상태. 보이지 않는 손이 제대로 작동을 못하는 상황이다.
② 영국의 경제학자로 후기 자본주의를 주장하였다. 존 매이너드 ○○○
③ 사용자가 근로자와 맺은 계약을 끊어 내는 것. 이로 인해 노동자는 일자리를 잃게 된다.
④ 국민이 인간다운 삶을 유지할 수 있도록 복지 혜택을 지원해 주는 국가. 북유럽 국가들이 대표적이다.
⑤ 국가가 정한 가장 낮은 수준의 임금. 노동자를 보호하기 위한 대표적인 규제에 속한다.
⑥ 커피 전문점에서 전문적으로 커피를 만드는 직업.
⑦ 정규직이 아닌 노동자. 일하는 기간이나 지속성을 보장받기 어렵다.

세로

㉠ 신자유주의를 주장한 경제학파로 하이에크 등의 경제학자들이 속한다.
㉡ 각각의 물건 값이 아닌, 여러 상품의 평균적인 가격을 종합적으로 본 개념이다.
㉢ 경기 불황 중에도 물가가 오르는 현상. 경기 불황을 뜻하는 스태그네이션과 물가 상승을 뜻하는 인플레이션의 합성어이다.
㉣ 국가가 거둬들이는 돈. 강한 정부는 이것을 많이 거둬 복지 정책에 이용한다.
㉤ 소련의 정치가로 공산주의 정책을 실현시키며 강력한 독재를 펼쳤다.
㉥ 정부가 경제에 강하게 개입하여 개인과 기업의 활동을 제약하는 것. 세금을 많이 걷거나 가격이나 품질을 규제하기도 한다.

새로운
시대가 오다

세계는 바야흐로 무한 경쟁 체제로 접어들었어.

한때는 국가가 요람에서 무덤까지 국민들의 삶을 책임져 주기도 했지. 하지만 이제 국가는 더 이상 사람들의 삶에 신경을 쓰지 않아.

정치인들은 나라가 너무 많은 돈을 쓴 탓에 경제가 바닥을 쳤다고 말하거든.

국가 권력은 시장에서 손을 뗐고 기업은 자유로운 시장 안에서 치열하게 경쟁해야 해. 건실하고 능력 있는 기업은 살아남고 도태된 기업은 사라지겠지?

　좋은 기업들이 많아지면 이윤도 늘어나고 넘치는 이윤은 아래로 흘러내려 모두가 행복해질 거야.

　이게 바로 애덤 스미스가 주장했던 자유 방임주의가 20세기에 맞게 업그레이드 된 버전, 신자유주의라는 말씀!

그렇게 세상은 효율적으로 바뀌어 갔어.

오래된 경제 문제는 해결되었고, 조금씩 성장하는 것처럼 보였어. 지금 우리가 살고 있는 시대도 바로 신자유주의 시대지.

공정한 경쟁이 가능한 사회, 마음껏 일하고 돈을 벌 수 있는 사회, 경제적 자유가 보장된 사회!

어때, 우리의 세계는 정말 자유롭고 행복한 사회일까?

알파는 이제 정말 행복해질 수 있을까?

최종 정리

여러분 안녕하세요. 채사장이에요. 알파와 채의 이야기 재미있게 읽었나요? 5권에서는 자본주의가 어떻게 변화해 왔는지 알아보았어요. 저와 함께 각각의 경제체제의 특성과 문제점에 대해 다시 되짚어 볼까요?

생산수단의 소유 여부를 기준으로 자본주의와 공산주의를 구분했어요. 자본주의는 세 가지로 더 세분화 할 수 있어요.

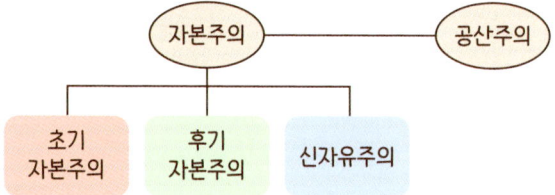

초기 자본주의 : 시장

초기 자본주의는 가장 처음 등장한 자본주의로 정부의 개입이 없고 세금도 거의 없는 상태예요. 그러나 규제 없는 과열 경쟁은 '공급 과잉'을 불러일으켰고 인류는 경제대공황이라는 시장실패에 맞닥뜨리게 되었어요.

후기 자본주의 : 시장 < 정부

후기 자본주의는 초기 자본주의의 문제점을 수정하면서 등장했어요. 정부가 세금을 통해 적극적으로 부를 재분배하며 자본의 독점을 막는 정책이지요. 그러나 너무 강한 규제 때문에 경기 침체와 장기 불황, 그리고 스태그플레이션이 발생했어요.

신자유주의 : 시장 > 정부

신자유주의는 정부의 과도한 개입으로 장기 불황이 온다고 생각했어요. 그래서 자유로운 시장을 강조했지요. 신자유주의는 오늘날 가장 영향력 있는 경제체제예요. 이러한 시대에서 가장 이익을 보는 사람은 누구일까요? 또 희생을 당하는 사람은 누구일까요?

> 생각하고 토론하기

이야기 속에서 정부는 시장에 강력하게 개입하여 노동자의 인권을 보호하고 각종 규제 정책을 시행했지요. 덕분에 좋은 점도 있었지만 예기치 못한 문제점이 생기기도 했어요. 정부의 시장 개입에 따라 발생할 수 있는 여러 상황에 대해 살펴보고 토론해 봅시다.

① 1920년대 미국의 루즈벨트 대통령은 '뉴딜 정책'을 통해 경제 대공황을 극복했어요. 대규모 공공사업으로 실업률을 줄인 것이지요. 우리나라에도 청년 실업 문제가 지속되고 있는데 이 문제를 어떻게 해결하면 좋을까요?

"뉴딜 정책처럼 정부 주도의 공공사업을 벌이면 일자리가 생기지 않을까?"

"하지만 그 시절 미국과 현재 한국의 상황은 다르잖아. 육체노동을 원하는 청년들이 과연 얼마나 될까?"

② 최근 코로나 19로 경제가 침체되자 정부와 지방자치단체에서는 시민들에게 여러 차례 재난지원금을 나눠 주었어요. 케인스가 말하는 '사람들이 돈을 파 가도록 하는' 정책이지요. 이와 같은 정책은 경제를 활성화하는 데 도움이 될까요?

"공짜 돈이 생겨서 기분은 좋지만 결국 세금을 많이 걷은 다음 돌려준 거잖아."

"모든 사람에게 같은 금액을 주는 것보다 가난한 사람에게 더 많은 돈을 주면 어땠을까?"

③ 알파와 채는 경기가 어려워져 돈을 벌기가 힘들어졌어요. 그래서 인건비를 줄이려 했지만 규제 때문에 직원을 함부로 해고할 수도 없었지요. 여러분은 노동자의 권리를 보호해 주는 여러 법률적인 규제들을 어떻게 생각하나요?

"규제가 없다면 노동자들이 열악한 환경에서 자본가들에게 착취를 당하게 되겠지."

"취지는 좋지만 무리하게 규제하면 누가 사업을 하겠어."

6권에서는 본격적으로 신자유주의 시대의 자본주의 체제에 대해서 알아볼 거예요. 자유로운 경쟁이 허락되는 시대에서 알파와 채는 성공을 이룰 수 있을까요?

정답

42p
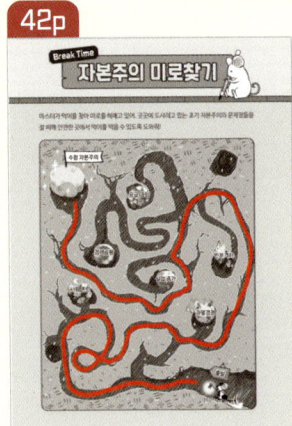

70p
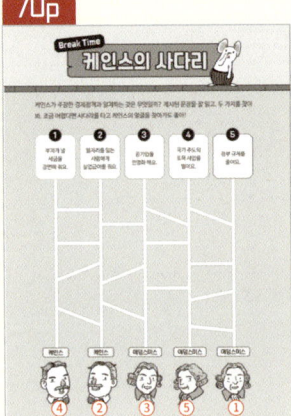

98p

124p
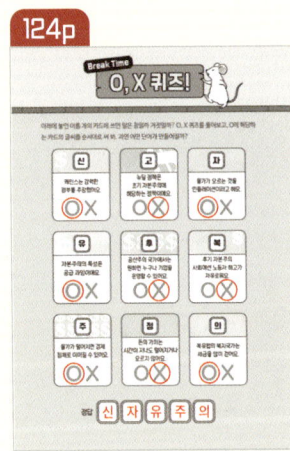

152p
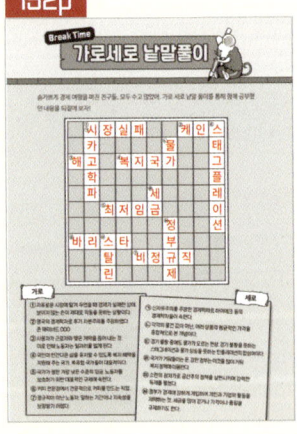

다음 권에서는 본격적으로 신자유주의에 대해 알아볼까요?